Inhalt

Strombranche 2005 - Hohe Gewinne für Anbieter, hohe Preise für Verbraucher, hohe Abgaben für Staat

Kernthesen

Beitrag

Fallbeispiele

Zahlen und Fakten

Weiterführende Literatur

Impressum

GENIOS BranchenWissen Nr. 01/2006 vom 12.01.2006

Strombranche 2005 - Hohe Gewinne für Anbieter, hohe Preise für Verbraucher, hohe Abgaben für Staat

Autor GENIOS BranchenWissen: A.Schneider

Kernthesen

- In Deutschland haben sich rund 1 000 Stromanbieter etabliert; die vier großen Verbundkonzerne RWE, Vattenfall, Eon und EnBW verfügen allerdings zusammen über rund 90 Prozent der deutschen Kraftwerksleistung.
- Von Januar bis September 2005 freuten sich die vier Branchenführer über einen gemeinsamen operativen Gewinn aus dem

Strom- und Gasgeschäft in Höhe von rund 12 Milliarden Euro.
- Der Anteil staatlicher Belastungen am Strompreis lag 1998 noch bei rund 25 Prozent und ist seither auf rund 40 Prozent gestiegen.
- Ohne die staatlich bedingten Lasten hätten die Haushalte für Strom im Jahr 2005 um 12 Prozent weniger zahlen müssen als vor der Liberalisierung, Industriekunden sogar 17 Prozent.

Beitrag

Hohe Gewinne der Stromanbieter erregen weiterhin Unmut bei den Verbrauchern, die immer höhere Preise zahlen müssen. Sogar Hessens Wirtschaftsminister wird es zu bunt: Er kündigte an, alle Anträge auf höhere Preise abzulehnen.

Stromversorger geraten zunehmend unter Druck

Turbulent geht es zu in der Energiebranche. Vor allem die hohen Energiepreise waren im vergangenen Jahr immer wieder in den Schlagzeilen der öffentlichen

Diskussion. Von allen Seiten hagelt es auch an den hohen Strompreisen Kritik, und die Stromversorger geraten wie die Gasversorger - zunehmend unter Druck. Die Bundesnetzagentur wird 2006 die Weichen für mehr Wettbewerb auf den Märkten stellen. Die stromintensive Industrie und die Verbraucher setzen sich zunehmend gegen die hohen Strompreise zur Wehr. Die Bundesregierung will nicht länger hinnehmen, dass die Stromversorger die Preise für Kohlendioxyd-Emissionsrechte zwar nicht gezahlt, aber dennoch als Kosten in ihrer Kalkulation stehen haben. Und auch die Länderregierungen sehen sich zu mehr Widerstand berufen. Hessens Wirtschaftsminister Alois Rhiel (CDU) kündigte Mitte Dezember sogar kategorisch an, alle Anträge auf höhere Strompreise abzulehnen.

Die Verbraucher murren längst gegen die ständig steigenden Strompreise. Die Verbraucherschützer prangern gerne die hohen Gewinne der Stromanbieter an. So erwirtschaftete RWE allein mit seinem Strom- und Gasnetz in Europa eine Umsatzrendite von 30 Prozent. Eon erzielte im ersten Dreivierteljahr 2005 rund 5,5 Milliarden Euro Gewinn vor Steuern. (1)

Nun regt sich auch Widerstand bei den Bundesländern. Vor allem Hessens Wirtschaftsminister Alois Rhiel (CDU) wird es langsam zu bunt. Er kündigte Mitte Dezember an, alle

Anträge auf höhere Strompreise abzulehnen. Die 50 hessischen Stromunternehmen wollten die Tarife zum 1. Januar im Durchschnitt um rund 6 Prozent anheben. Für einen Vierpersonenhaushalt hätte dies Mehrbelastungen von etwa 40 Euro im Jahr bedeutet. (2)

Die Wirtschaftsministerien der anderen Bundesländer wollen die zum Januar 2006 von Stadtwerken und anderen Energielieferanten beantragten Strompreiserhöhungen zumindest genau unter die Lupe nehmen. Obs für den zahlenden Verbraucher wohl viel bringt?
In Nordrhein-Westfalen hatten 106 von 132 Versorgern Anträge auf höhere Preise gestellt. 64 gingen durch. Für 29 wurden nur geringere Preisanhebungen genehmigt.
In Niedersachsen hatte die Landesregierung 34 von 57 Anträgen genehmigt, allerdings im Umfang begrenzt. Haushaltskunden müssen dort mit um 5,5 Prozent höheren Preisen rechnen.
Bayern hat den großen Versorgen Eon Bayern, LEW und N-Ergie eine Strompreiserhöhung von durchschnittlich drei Prozent genehmigt. (3)

Liberalisierung des Marktes führte

bisher nicht zu sinkenden Strompreisen

Der deutsche Strommarkt wurde 1998 liberalisiert. Das Energiewirtschaftsgesetz (EnWG) vom 24. April 1998 legte den diskriminierungsfreien Netzzugang fest und öffnete damit dem Wettbewerb die Türen. Seither gibt es in Deutschland rund 1 000 Stromanbieter, davon vier überregionale Verbundunternehmen: RWE, Vattenfall, Eon und EnBW. Daneben existiert eine große Vielfalt an regionalen und lokalen Versorgern, Stadt- und Gemeindewerken und Händlern. [Abb.1] Im Grunde gibt es also keine regionalen Monopole mehr. Jeder Verbraucher kann seinen Anbieter jederzeit wechseln. In Berlin beispielsweise gibt es über 50 konkurrierende Anbieter mit zum Teil deutlichen Preisunterschieden, die man im Internet per Mausklick auswählen kann. (4)

Dennoch: Dass sie Liberalisierung des Strommarktes zu sinkenden Strompreisen führen würde, ist nach wie vor ein Gerücht. Und in der Tat: die Zahl der Stromanbieter hat zugenommen, aber das wirkliche Sagen haben doch nach wie vor einige wenige. Und diese haben naturgemäß an sinkenden Preisen keinerlei Interesse.

Daran soll nun die Bundesnetzagentur etwas ändern. Sie wurde mit der Novellierung des EnWG vom 13. Juli 2005 eingerichtet und soll durch "Entflechtung und Regulierung" der Elektrizitätsnetze die "Voraussetzung für einen funktionierenden Wettbewerb auf den vor- und nachgelagerten Märkten" schaffen. Von einem geöffneten Zugang zur Stromleitung erhofft man sich verstärkten Wettbewerb durch neue Kraftwerksbetreiber, was dann endlich auf die Preise drücken würde. (5) Bisher ist allerdings noch nicht viel an neuem Wettbewerb in Sachen Strom in Sicht.
Gemäß Bundestarifordnung Elektrizität müssen sich die Versorger am Ende eines Jahres geplante Preisanhebungen im Geschäft mit privaten Endverbrauchern behördlich, also durch die Wirtschaftsministerien der Länder, genehmigen lassen. Die Preise mit großen Industriebetrieben hingegen können frei ausgehandelt werden. Nach dem neuen Energiewirtschaftsgesetz fällt diese Genehmigungspflicht durch die Länder Ende 2007 weg.

Warum steigende Strompreise?

Steigende Weltmarktpreise - Primärenergieträger Kohle, Erdgas und Erdöl teurer

Die Versorger begründen die erneuten Preissteigerungen um bis zu 10 Prozent zum einen mit den gestiegenen Weltmarktpreisen für die Primärenergieträger Kohle, Erdgas und Erdöl. Sie haben im vergangenen Jahr um 30 bis 40 Prozent angezogen und verteuern die Herstellung von Strom. So wird beispielsweise ein Viertel des in Deutschland erzeugten Stroms aus Steinkohle gewonnen. Deren durchschnittlicher Importpreis stieg von Anfang 2004 bis Mitte 2005 um über 30 Prozent auf 64 Euro pro Tonne.

Steigende Nachfrage - Strombörse treibt Preise

Zum anderen ist die Nachfrage nach Strom gestiegen, was die Preise für Strom an der Strombörse, im Großhandel und natürlich auch für den Endkunden nach oben treibt. In den ersten drei Quartalen sei der deutsche Stromverbrauch im Jahresvergleich um ein Prozent auf 371 Milliarden Kilowattstunden gestiegen, teilte der Verband der

Elektrizitätswirtschaft mit. In Deutschland wird Strom an der Strombörse EEX (European Energy Exchange) in Leipzig gehandelt. Dort kaufen und verkaufen 128 Handelsteilnehmer aus 16 Ländern Strom. Über die Hälfte der registrierten Händler stammt aus dem europäischen Ausland. Im ersten Halbjahr 2005 zog der Preis für Lieferungen im Jahr 2006 um 20 Prozent an.

Steigende Abgaben - 40 Prozent des Strompreises fließen in die Kassen des Staates

Und zum dritten werden die hohen staatlichen Abgaben ins Feld geführt. Der Strompreis für den Haushaltskunden wird einerseits durch die Kosten für Erzeugung, Transport und Vertrieb bestimmt. Sie sind laut Stromindustrie seit 1998 leicht um 0,5 Prozent gesunken. (3) Dabei machen die Netzentgelte rund 35 Prozent des Strompreises aus, der Großhandelspreis und die Vertriebskosten zusammen rund 25 Prozent.
Gestiegen sei hingegen die andere Komponente des Strompreises: die staatlichen Abgaben. Sie bestehen aus Kostenfaktoren, die aus Mehrwertsteuer, Ökosteuer, Konzessionsabgabe, dem Erneuerbare-Energien-Gesetz und dem Kraft-Wärme-

Kopplungsgesetz resultieren. [Abb.2] Der Anteil staatlicher Belastungen am Strompreis lag 1998 bei rund 25 Prozent. Inzwischen ist er auf rund 40 Prozent geklettert. Das bedeutet: Von den rund 54 Euro, die ein durchschnittlicher 3-Personen-Haushalt in Deutschland monatlich für Strom zahlt, entfallen rund 21 Euro auf staatliche Belastungen wie Steuern und Abgaben.
Verbandsangaben zufolge lagen die Kostenbelastungen durch das Erneuerbare-Energien-Gesetz (EEG) 2005 insgesamt bei 2,7 Milliarden Euro. Auf die Konzessionsabgabe entfielen 2,1 Milliarden Euro. Durch das Kraft-Wärme-Kopplungs-Gesetz (KWK-G) entstanden 0,8 Milliarden Euro und durch die Stromsteuer 6,6 Milliarden Euro Kosten. In Summe betrug die staatliche Gesamtbelastung für alle Stromkunden 12,2 Milliarden Euro (ohne Mehrwertsteuer) und war damit fast zehnmal so hoch wie 1998. [6]
Energieintensive Industriekunden zahlen einen ermäßigten Satz bei der Stromsteuer (1,23 statt 2,05 Cent/kWh) und bei der KWK-Umlage (0,025 bis 0,05 statt ca. 0,32 Cent/kWh). Außerdem gibt es eine Härtefallregelung.
Auch in diesem Jahr werden rund 330 besonders stromintensive Unternehmen des produzierenden Gewerbes sowie 45 Eisen-, Straßen- und U-Bahnen in Deutschland bei den Stromkosten entlastet. Das Bundesamt für Wirtschaft und Ausfuhrkontrolle

(Bafa) hat ihre Anträge nach der Ausgleichsregelung des Erneuerbare-Energien-Gesetzes (EEG) gebilligt. Die stromintensiven Unternehmen können 2006 mit Entlastungen von etwa 240 Millionen Euro rechnen. Davon entfallen gut 220 Millionen Euro auf die produzierenden Unternehmen. (7)

Fazit

Ohne die staatlich bedingten Lasten hätten die Haushalte für Strom im Jahr 2005 um 12 Prozent weniger zahlen müssen als vor der Liberalisierung, Industriekunden sogar 17 Prozent.
Tröstlich: Die Deutschen stehen mit ihrem Ärger über die hohen und steigenden Stromkosten nicht alleine da. Die Dänen, Italiener und Portugiesen müssen ihre Energie noch teurer bezahlen.
Beruhigend: Auch wenn zum Jahresende 2005 marode Stromnetze in Nordrhein-Westfalen zu tagelangen Stromausfällen geführt hatten, hat Deutschland mit jährlich knapp 23 Minuten durchschnittlicher Ausfallzeit die bei weitem sicherste Stromversorgung. (8)

Fallbeispiele

Die größten Player in Deutschland

Die vier großen Verbundkonzerne RWE, Vattenfall, Eon und EnBW verfügen zusammen über rund 90 Prozent der deutschen Kraftwerksleistung. Sie profitieren am meisten von den steigenden Preisen. Sie spülen ihnen zusammen mit einem nach wie vor nicht voll funktionierenden Wettbewerb satte Umsätze und Gewinne in die Kassen. (11) Von Januar bis September 2005 freuten sich die vier Branchenführer über einen gemeinsamen operativen Gewinn aus dem Strom- und Gasgeschäft in Höhe von rund zwölf Milliarden Euro. Freudensprünge machten auch die Aktien: Die RWE-Aktie legte über 50 Prozent zu, Eon machte 2005 32 Prozent gut. (12) Diese großen Versorger geraten zunehmend in die Kritik und unter Druck. So sollen sie seit 2001 durch ungerechtfertigte Preiserhöhungen zu hohe Netzentgelte kassiert haben. Zu diesem Ergebnis kommt eine vom Bundesverband Neuer Energieanbieter und dem Verband der Industriellen Energie- und Kraftwirtschaft beauftragte Studie. Dadurch hätten die Haushaltskunden einen rund fünf Prozent zu hohen Strompreis bezahlt. (13) Und der neue Koalitionsvertrag lässt hoffentlich den

Worten Taten folgen und verhindert tatsächlich, dass die Stromriesen künftig die ihnen kostenlos zugeteilten Emissionsrechte zum aktuellen Marktwert auf den Strompreis aufschlagen können. Das dürfte die Verbraucher freuen und die Versorger ärgern.

- RWE AG, Essen

www.rwe.comKonzernumsatz 2004: 42 137 Mio EUR
Konzernbeschäftigte 2004: 97 777
Der einstige Strommonopolist RWE machte in jüngster Vergangenheit Schlagzeilen mit seinem Ausstieg aus dem globalen Wassergeschäft. In den letzten fünf Jahren kaufte RWE zahlreiche ausländische Wassergesellschaften in Europa, Amerika und Asien, bezahlte fast 13 Milliarden Euro dafür und lud sich mindestens acht Milliarden Euro Schulden auf. Doch inzwischen hat der Konzernchef die Strategie geändert und will wieder vollkommen zurück zum lukrativen Stammgeschäft mit Strom und Gas. (14)

- Vattenfall Europa AG, Berlin

www.vattenfall.deKonzernumsatz 2004: 10 706 Mio

EUR
Konzernbeschäftigte 2004: 19 206
Der schwedische Konzern ist die Nummer fünf der europäischen Energiebranche und arbeitet in Schweden, Finnland, Polen und Deutschland. In Deutschland ist Vattenfall nach dem Kauf der Hamburgischen Electricitätswerke, der Berliner Bewag sowie der ostdeutschen Veag und Laubag zur Nummer drei aufgestiegen. Lars G. Josefsson, Chef des Stromkonzerns Vattenfall, rechnet auch für 2006 mit steigenden Strompreisen. (15), (16)

- E.ON AG, Düsseldorf

www.eon.comKonzernumsatz 2004: 49 103 Mio EUR
Konzernbeschäftigte 2004: 69 710
In Reaktion auf die Ablehnung aller Anträge auf eine Tariferhöhung durch Hessens Wirtschaftsministerium kündigte Eon an, die Rechtmäßigkeit juristisch überprüfen zu lassen. (17)

- EnBW Energie Baden-Württemberg AG, Karlsruhe

www.enbw.comKonzernumsatz 2004: 9 844 Mio EUR

Konzernbeschäftigte 2004: 17 700
Der Vorstandsvorsitzende des Energiekonzerns EnBW, Utz Claassen, betrachtet einen Ausstieg aus der Atomenergie zunächst für unrealistisch.

Ausblick über den großen Teich: FPL und Constellation fusionieren

In den USA herrscht Fusionsfieber auf dem Strommarkt. Der größte Stromanbieter der USA, die Duke Energy Corp., will mit Cinergy Corp. fusionieren. Der zweitgrößte Anbieter Exelon Corp. will mit Public Service Enterprise Group (PSEG) zusammengehen. Diese Fusionsvorhaben sind allerdings noch nicht bewilligt.
Grünes Licht dagegen wird es wohl für die Fusion der FPL Group mit der Constellation Energy Group geben. Dadurch entsteht unter dem Namen Constellation der drittgrößte Stromversorger der USA.
Die FPL Group Inc., Juno Beach, Florida, ist derzeit der größte Energieversorger Floridas. Er übernimmt die Constellation Energy Group Inc., Baltimore, durch einen Aktientausch im Wert von 11,1 Milliarden Dollar. Die Aktionäre der Constellation sollen für jede Aktie 1,444 Titel von FPL erhalten. Der Umsatz der fusionierten Unternehmen beträgt dann schätzungsweise 28 Milliarden Dollar. Der dann

drittgrößte Stromanbieter in den USA kann 36 Millionen Haushalte versorgen. FPL und Constellation verfügen zusammen über rund 42 000 Megawatt an Stromkapazität, davon 17 000 MW im regulierten und 25 000 MW im unregulierten Bereich. (9), (10)

Zahlen & Fakten

Vielfalt der Stromanbieter

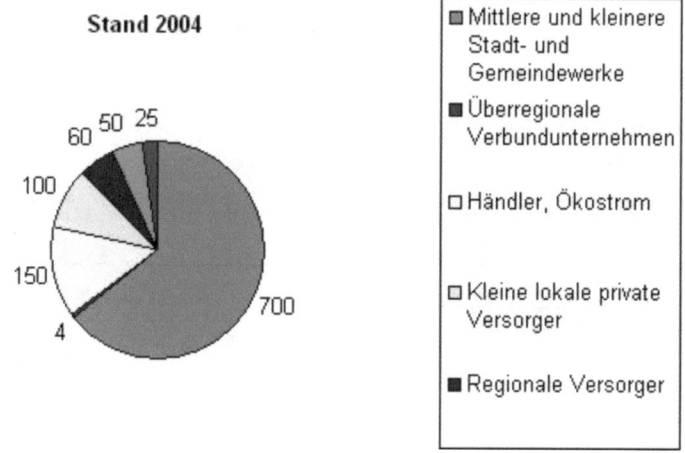

Quelle: VDEW

Entnommen aus: Warum steigen die Energiepreise?, Verband der Elektrizitätswirtschaft VDEW e.V., www.vdew.de, Strompreise, Wettbewerb http://www.strom.de/wysstr/stromwys.nsf/WYSFrames Readform&JScript=1&

Zusammensetzung des Strompreises für Haushaltskunden

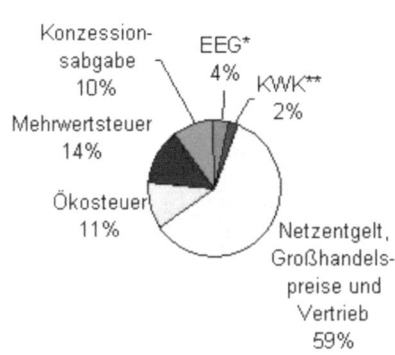

* Erneuerbare-Energien-Gesetz

** Kraft-Wärme-Kopplung

Quelle: VDEW

Entnommen aus: Warum steigen die Energiepreise?, Verband der Elektrizitätswirtschaft VDEW e.V., www.vdew.de, Strompreise, Wettbewerb

http://www.strom.de/wysstr/stromwys.nsf/WYSFrames Readform&JScript=1&

Weiterführende Literatur

(1) Streit um den Strompreis
aus DIE WELT, 20.12.2005, Nr. 297, S. 11

(2) Hessen unterbindet Erhöhung der Strompreise
aus Frankfurter Allgemeine Zeitung, 19.12.2005, Nr. 295, S. 11

(3) Hessens Veto bringt die Strombranche in Aufruhr
aus Frankfurter Allgemeine Zeitung, 20.12.2005, Nr. 296, S. 13

(4) "Die Stromversorger sollten in ihrer Preisgestaltung frei sein" VDEW-Chef Meller: Wettbewerb funktioniert
aus DIE WELT, 20.12.2005, Nr. 297, S. 12

(5) Hintergrund Beim Strom fließt Kohle Große bestimmen den Preis
aus Frankfurter Rundschau v. 20.12.2005, S.2, Ausgabe: S Stadt

(6) O.V., Warum steigen die Energiepreise?, Verband der Elektrizitätswirtschaft VDEW e.V., www.vdew.de, Strompreise, Wettbewerb
aus Frankfurter Rundschau v. 20.12.2005, S.2, Ausgabe: S Stadt

(7) Geringere Stromkosten für Betriebe
aus Frankfurter Allgemeine Zeitung, 02.01.2006, Nr. 1, S. 13

(8) Stromkonzerne zum Rapport
aus Frankfurter Allgemeine Zeitung, 06.12.2005, Nr. 284, S. 11

(9) Versorger FPL kauft Constellation
aus Frankfurter Allgemeine Zeitung, 20.12.2005, Nr. 296, S. 17

(10) Grossfusion im amerikanischen Stromsektor FPL Group und Constellation spannen zusammen
aus Neue Zürcher Zeitung, 20.12.2005, Nr. 297, S. 19

(11) Preishoch provoziert die Politik FTD-Serie StrategieCheck 2006 / Deutsche Energieversorger / Die Vorstände der deutschen Strom- und Gaskonzerne sind in einer komfortablen Situation: Preise und Gewinne steigen, während neue Konkurrenz das Oligopol kaum knacken kann. Politisch steht für die Konzerne 2006 viel auf dem Spiel. Und die Begehrlichkeit der Aktionäre nimmt zu.
aus Financial Times Deutschland vom 06.01.2006, Seite 7

(12) Kampf ums Image an vielen Fronten
aus Kölnische Rundschau, 28.12.2005

(13) Stromversorger belastet
aus Frankfurter Allgemeine Zeitung, 01.12.2005, Nr. 280, S. 15

(14) Ein glückloser Ausflug in das globale Wassergeschäft
aus Frankfurter Allgemeine Zeitung, 04.01.2006, Nr. 3, S. 13

(15) Vattenfall Mit Wasserkraft fing alles an
aus Berliner Morgenpost, 05.01.2006, Nr. 5, S. 8

(16) Vattenfall "Wir investieren in Kernkraft" Lars G. Josefsson, Chef des Stromkonzerns Vattenfall, kann sich den Neubau eines Atomkraftwerkes in Deutschland vorstellen
aus Berliner Morgenpost, 05.01.2006, Nr. 5, S. 8

(17) Eon will Strompreise vor Gericht durchsetzen
aus Süddeutsche Zeitung, 24.12.2005, Ausgabe Deutschland, S. 1

Impressum

Strombranche 2005 - Hohe Gewinne für Anbieter, hohe Preise für Verbraucher, hohe Abgaben für Staat

Bibliografische Information der deutschen Nationalbibliothek

Die Deutsche Nationalbibliothek verzeichnet diese Publikation in der deutschen Nationalbibliografie; detaillierte bibliografische Daten sind im Internet über http://dnb.d-nb.de abrufbar.

ISBN: 978-3-7379-2324-8

© 2015 GBI-Genios Deutsche Wirtschaftsdatenbank GmbH, Freischützstraße 96, 81927 München, www.genios.de

Alle Rechte vorbehalten. Dieses Werk ist einschließlich aller seiner Teile – z.B. Texte, Tabellen und Grafiken - urheberrechtlich geschützt. Jede Verwertung außerhalb der Grenzen des Urheberrechtsgesetzes bedarf der vorherigen Zustimmung des Verlags. Dies gilt insbesondere auch für auszugsweise Nachdrucke, fotomechanische Vervielfältigungen (Fotokopie/Mikroskopie), Übersetzungen, Auswertungen durch Datenbanken oder ähnliche Einrichtungen und die Einspeicherung und Verarbeitung in elektronischen Systemen.